NORMAS PARA APRESENTAÇÃO DE TRABALHOS CIENTÍFICOS

Carlos Ceia

NORMAS PARA APRESENTAÇÃO DE TRABALHOS CIENTÍFICOS

FICHA TÉCNICA

Título: *Normas para Apresentação de Trabalho Científicos*

Autor: Carlos Ceia

1ª edição: Editorial Presença, Lisboa, 1995
Depósito legal: 199 995/03
9ª edição, Editorial Presença, Lisboa, 2012

Edição *ne varietur*: CreateSpace Independent Publishing Platform; 1 edition, Jan. 2018

ISBN-13: 978-1983623684
ISBN-10: 1983623687

Índice

I. Elaboração e apresentação de teses

1. Todo o trabalho científico deve ser iniciado por um esquema prévio de trabalho, de preferência discutido com o supervisor directo da tese ou dissertação. Gradualmente, esse esquema ou plano irá ser revisto, ampliado ou reescrito, consoante o desenvolvimento da investigação.

2. A estrutura geral de uma tese obedece a normas específicas que devem ser cumpridas com rigor. Para uma descrição da ordem das partes da tese e particularidades formais, consultar § III destas normas.

3. Título da tese

3.1. A escolha do título não deve ser menosprezada, pois pode contribuir para o êxito da tese.

3.2. Deve ser original e criativo, pelo que o autor tem a obrigação de realizar uma pré-investigação de todos os títulos existentes, de forma a não plagiar um título já escolhido por outrem.

3.3. Deve ser conciso, exprimindo com exactidão aquilo que se pretende, pelo que se desaconselha títulos autotélicos, que apenas são descodificáveis pelo próprio autor; inclusive, um título breve tem hoje em dia, por força do *marketing* ao qual ninguém pode ficar alheio, um impacte diferente e uma receptividade maior; contudo, não se deve cair no extremo oposto, que é o de o título ser tão conciso que não se entende do que é que trata exactamente a tese; por exemplo, um título como «Eros» pode dizer respeito a uma tese de literatura sobre a história desse deus numa qualquer obra literária, ou mesmo na história da literatura, como pode dizer respeito a uma obra de psicanálise, de filosofia, de história das religiões, etc., mas um título como «Eros nas Manifestações Artísticas do Antigo Egipto» contém já um número de informações suficientes para delimitar o campo de investigação da tese.

3.4. Deve ser claro na sua formulação, sem ambiguidades, sem ser demasiado generalista; se for necessário, deve-se acrescentar um subtítulo que esclareça de vez o assunto específico da tese; títulos alegóricos, eufemísticos ou sensacionalistas não devem sequer ser considerados, pois não se trata de escrever um romance mas um trabalho científico. Alguns exemplos comuns de títulos mal conseguidos, por serem ambíguos, generalistas, sem definir claramente o objecto de estudo, usando fórmulas repisadas, ou escolhendo temas já muito estudados:

- «A Emergência dos Media»

- «Existência e transcendência em Fernando Pessoa»

- «O Imaginário na Poesia de Teixeira de Pascoaes»

- «O Pensamento Estético de Coleridge»

- «A Ironia Romântica»

- «A Mulher na Sociedade Vitoriana»

- «Reforma Agrária e Desenvolvimento Económico»

- «Introdução ao Direito»

- «A Revolução Portuguesa - O Passado e o Futuro»

- «A Integração Europeia»

- «Portugal à Deriva»

- «O Problema do Ser em Heidegger»

- «O Existencialismo em Jean-Paul Sartre»

4. Escolha do tema

4.1. O tema a investigar deve ser determinado pelo investigador o mais cedo possível, para que possa amadurecer a escolha decidida, para que haja tempo para eventuais reformulações e para que as indecisões não esgotem o tempo estipulado para a realização da tese.

4.2. O primeiro facto a considerar deve ser a originalidade do tema; se estiver já muito trabalhado, o investigador deve assegurar-se de que tem algo de novo a acrescentar ao trabalho já produzido e/ou publicado, caso contrário deve rever a sua escolha.

4.3. Se o tema pretendido for, pelo contrário, muito específico ou muito pouco estudado, corre-se o risco de não encontrar fontes que permitam uma fundamentação adequada aos objectivos estabelecidos

4.4. O campo de acção da tese deve ser convenientemente *medido*, de forma a não escolher um tema demasiado vasto nem demasiado restrito, procurando encontrar um equilíbrio de proporções - ponto onde o supervisor pode e deve ter uma intervenção importante.

4.5. Consideram-se escolhas adequadas, por exemplo, o estudo global de um autor desconhecido; um aspecto particular da obra de um autor que ainda não tenha sido objecto de investigação ou que mereça uma revisão do que tenha sido dito sobre o assunto; um problema específico que ainda não tenha sido estudado de modo satisfatório ou completo; uma descoberta bibliográfica relevante para o conhecimento de um autor, obra ou época.

4.6. A escolha de um tema meramente especulativo (por exemplo, sobre a vontade, a razão, o mito, o conhecimento, o problema do bem e do mal, a liberdade, o sonho, etc.) não é aconselhável, a não ser em casos muito especiais de indivíduos que têm uma muito sólida formação filosófica.

5. Extensão da tese ou dissertação

5.1. Em trabalhos de licenciatura, não deve exceder as dimensões de um artigo especializado: 10-20 páginas.

5.2. Uma dissertação de mestrado não deverá ultrapassar as 50/60 páginas, dactilografadas a 1 espaço e meio, não incluindo eventuais "anexos", mas incluindo bibliografia. Esta é a extensão recomendada após a implementação do processo de Bolonha no espaço europeu. Em termos internacionais, uma dissertação de mestrado tem entre 50.000 a 60.000 palavras (medida mais utilizada em muitos países).

5.3. Uma tese de doutoramento não tem limite de páginas, mas deve ter um mínimo de 200/250 páginas, não incluindo eventuais "anexos", mas incluindo bibliografia. Após a implementação do processo de Bolonha no espaço europeu, define-se como medida padrão as 300 páginas, ou, em termos internacionais, entre 80.000 a 100.000 palavras.

6. Declaração

6.1. As dissertações de mestrado e teses doutoramento devem incluir uma dupla declaração em página própria, logo a seguir à capa, assinada pelo autor e pelo supervisor, onde se declare que a tese apresentada é original e não foi apresentada em nenhuma outra instituição nem publicada parcial ou integralmente.

DECLARAÇÕES

Declaro que esta tese é o resultado da minha investigação pessoal e independente, o seu conteúdo é original e todas as fontes consultadas estão devidamente mencionadas no texto, nas notas e na bibliografia.

Declaro ainda que esta tese não foi aceite em nenhuma outra instituição para qualquer grau nem está a ser apresentada para obtenção de um outro grau para além daquele a que diz respeito.

O candidato,

Declaro que, tanto quanto me foi possível verificar, esta tese é o resultado da investigação pessoal e independente do candidato.

O supervisor,

7. Sumário, Resumo, *Abstract* ou *Resumé*

7.1. Não deve exceder as 300 palavras.

7.2. Deve ser escrito em pelo menos duas línguas, a fim de poder ser divulgado nos circuitos académicos internacionais (por exemplo, em *Dissertation Abstracts International*), pelo que os autores devem ter em consideração que na maior parte dos casos o sumário é a única parte da tese que é lida por outros investigadores.

7.3. Deve estar escrito de tal forma que possa ajudar os eventuais leitores da mesma área a decidir se devem ou não ler a tese e a ajudar os eventuais leitores não identificados com o assunto a saber de imediato o que é que que nela podem encontrar.

7.4. Deve ser não só uma síntese do(s) assunto(s) da tese como também da metodologia utilizada e das principais conclusões.

7.5. Deve-se evitar o uso de abreviaturas.

7.6. Deve ser dactilografado a 1 espaço.

[SUMÁRIO]
[RESUMO]
[ABSTRACT]

[TÍTULO DA TESE / DISSERTAÇÃO / TRABALHO DE PROJECTO] [DISSERTATION / PROJECT WORK TITLE] [AUTOR] [AUTHOR] PALAVRAS-CHAVE: xxxx, yyyy, zzzz KEYWORDS: aaaa, bbbb, cccc Texto do resumo em Português e em Inglês, a 1 espaço, com o máximo de 500 palavras, conforme recomendação da Norma Portuguesa 418 (1988, p. 6), em vigor. Este resumo pode ser publicado em Inglês, no caso das teses de doutoramento, na maior base de dados internacional: *Dissertation abstracts international: The humanities and social sciences*, Ann Arbor, Mich., University Microfilms International [etc.] 1969-. [Ver documento em anexo com normas internacionais e formulário para submissão de resumos à DAI.]

8. Dedicatória (eventual)

8.1. Deve ser objectivamente dirigida a quem contribuiu de forma muito pessoal para o êxito do trabalho produzido pelo autor.

8.2. Deve ocupar uma página própria, sem ornamentos gráficos, com a maior sobriedade possível.

8.3. Não são consideradas dedicatórias irracionais, sensacionalistas ou confessionais, como aquelas consagradas a deuses, animais ou objectos de estimação, por exemplo.

9. Agradecimentos (eventuais)

9.1. Devem ser igualmente objectivos, mencionando directamente todos os indivíduos ou entidades que contribuíram de alguma forma para o bom êxito do trabalho.

9.2. Incluem-se geralmente nesta rubrica as palavras de gratidão para com supervisores ou outros indivíduos que auxiliaram a produção e consecução da tese.

9.3. Incluem-se igualmente os agradecimentos às entidades, editoras, bibliotecas, jornais ou outros que eventualmente tenham colocado à disposição dos autores material bibliográfico ou que tenham permitido a reprodução de obras sujeitas às leis de *copyright*©.

9.4. Deve ocupar uma página própria.

10. Lista de abreviaturas (eventual) (V. § II, 12; § III, 18-19)

10.1. Deve ocupar página(s) própria(s).

11. Prefácio (eventual)

11.1. Pode encerrar a história e as incidências da elaboração da dissertação, a motivação do autor para a investigação realizada, as condições em que tal investigação foi desenvolvida e as etapas mais relevantes para a sua consecução. Pode ainda incluir uma apreciação crítica e fundamentada sobre o autor da dissertação.

11.2. Em especial, justifica-se, pela sua natureza, para o trabalho que está já aprovado para a publicação.

11.3. Não é necessariamente da responsabilidade do autor do trabalho, podendo ser encomendado ou proposto a uma pessoa idónea.

11.4. *A priori*, quando o trabalho não se destina a eventual publicação o preâmbulo pode dispensar a existência do prefácio.

12. Preâmbulo

12.1. É da responsabilidade do autor do trabalho.

12.2. Se coexistir com a introdução do trabalho, deve reservar-se para uma apresentação sumária dos objectivos da tese e sua fundamentação.

12.3. Deve incluir uma síntese do estado actual da investigação na área escolhida para dissertação, acrescentada de uma descrição do que se pretende fazer mais além desse *statu quo*, para o modificar, repensar, recriar, desconstruir ou substituir.

12.4. Em muitos casos, esta parte da dissertação não tem que aparecer discriminada como preâmbulo ou introdução, se estiver intercalada no corpo do trabalho, sob um título criativo, e se aí identificarem claramente os mesmos objectivos.

13. Conclusões

13.1. Todo o trabalho científico deve incluir as principais conclusões da investigação realizada.

13.2. Nelas se incluem não só as observações críticas finais julgadas pertinentes como também uma eventual orientação do leitor para a possibilidade de ulteriores investigações.

13.3. Não é necessário abrir um capítulo sob o título exacto: "Conclusões"; em alternativa - que se aconselha -, apresenta-se um capítulo-síntese final, com um título criativo, que, no entanto, encerra as necessárias conclusões.

14. Posfácio (eventual)

14.1. É uma parte pós-textual que pode servir para acrescentar um dado novo na investigação realizada, quando e só quando as circunstâncias não permitiram a sua inclusão no corpo principal do texto.

14.2. Só se aceita o posfácio quando for fundamental para a compreensão do conteúdo da dissertação.

15. Notas (V. também § III, 14ss)

15.1. As notas são complementos do texto principal. Podem constituir-se em comentário, esclarecimento ou simples citação em pé de página (preferencialmente) ou no final de um texto.

15.2. Como comentário, introduzem ou complementam criticamente um aspecto particular relevado no texto, mas cuja discussão é aí deixada em aberto. Em trabalhos mais complexos, pode-se reservar as notas para discutir criticamente aspectos marginais mencionados no texto - naturalmente, esta crítica será tão mais relevante quanto maior for o espírito crítico e quanto mais sólida for a formação científica do investigador.

15.3. Como esclarecimento, limitam-se a dar uma breve explicação sobre a natureza do texto ou autor citado, informações úteis para uma pesquisa paralela ou posterior, ou correcções de pormenor.

15.4. Como citação, referem a obra ou obras que serviram de fonte ao autor de um livro.

16. Índice(s)

16.1. Destinam-se a obras para publicação, sendo opcionais em teses ou dissertações de licenciatura de considerável extensão.

17. Citações (V. também § III)

17.1. Tanto quanto possível, deve-se evitar sobrecarregar o texto com citações marginais.

17.2. Sempre que o extracto citado de uma fonte não contribua para a compreensão directa do contexto em que ocorre, deve ser remetido para as notas.

17.3. As citações em inglês, francês, espanhol ou italiano devem ocorrer na língua original, embora se possa optar por traduzi-las em nota. Parte-se do princípio universal que quer o seu autor quer todos os potenciais leitores da dissertação têm a obrigação de ler qualquer texto nessas línguas.

17.4. As citações noutras línguas podem ser traduzidas directa ou indirectamente. Nos casos em que o objecto de estudo seja uma obra ou autor de uma língua específica, por exemplo, se se quiser fazer uma tese sobre Heidegger ou Goethe, é lícito citar os originais em alemão, ficando ao critério do autor e do supervisor a pertinência de uma tradução para português, que dependerá sempre do público a que se destina. A prática comum tem sido a de não traduzir textos em inglês, francês e espanhol, por se considerar que o público académico conhece e trabalha regularmente nestas línguas, não havendo necessidade da sua tradução.

17.5. Quando se trabalha sobre originais manuscritos, torna-se imperativo apresentar uma tradução fidedigna e esclarecedora, corrigindo eventuais erros tipográficos e actualizando a ortografia, respeitando sempre as convenções. O mesmo é válido para edições raras ou pouco acessíveis.

18. Bibliografia

18.1. Uma dissertação ou tese de carácter científico deve incluir sempre uma bibliografia, cuja extensão dependerá sempre do nível de exigência do trabalho a desenvolver.

18.2. Não se deve deixar para o fim o trabalho de elaboração da bibliografia. É fundamental começar essa elaboração desde o primeiro minuto da investigação e discutir sempre com o supervisor todos os desenvolvimentos.

2. Expressão escrita e estilística

1. Não há modelos de estilo ou de escrita que possam ser "copiados" ou "adaptados" por um investigador. Cada indivíduo deve procurar um discurso autónomo, rigoroso do ponto de vista científico, objectivo, inteligível e fundamentado com exactidão.

2. Geralmente, a procura de um estilo de grande erudição e hermetismo conduz a um trabalho só legível pelo seu próprio autor. Pelo contrário, a excessiva vulgarização e padronização do discurso pode levar a um texto impessoal, amorfo, incaracterístico e inaceitável no quadro das exigências de uma tese de pós-graduação, por exemplo.

3. O uso de terminologia específica deve ser ponderado com rigor, adequado às circunstâncias e devidamente justificado. Não fazer nunca uso de terminologia que não se domine com segurança. Não se aconselha a invenção de novos termos e expressões sob o pretexto de criar um trabalho original a todo o custo. A proposta de uma nova terminologia científica exige um trabalho prévio de estudo quase sempre de muitos anos de ponderação, experimentação e sistematização, condição e qualidade que não se pode, naturalmente, exigir a todos os investigadores, estudantes ou professores. Além disso, a capacidade de conceber nova terminologia exige *a priori* a capacidade de dominar com total segurança a terminologia existente no domínio sobre o qual se trabalha.

4. Todo o texto produzido deve ser sujeito a pelo menos uma dupla revisão da ortografia, concordância verbal, pontuação, acentuação e erros tipográficos. Aconselha-se uma terceira revisão final antes do trabalho ser encadernado e sujeito a apreciação.

5. O estilo narrativo a utilizar deve ser coerente do princípio ao fim do trabalho, sem mudanças bruscas de formulação. Por exemplo, se se optar por utilizar o plural majestático ("nós"), deve-se manter esse critério até ao fim. O mesmo é válido para o estilo impessoal ("fez-se", "procurou-se", "concluiu-se", etc.), para o estilo de carácter narrativo ("o autor referiu", "o autor concluiu", etc.) ou mesmo por estilo pessoal ("pretendo", "procurei", "concluí", etc.).

6. A nenhum título se admite o estilo subjectivista, confessional ou sensacionalista num trabalho científico. Num trabalho académico, nunca se deve escrever ao sabor dos sentimentos pessoais, tendendo a reduzir todas as certezas ao assentimento individual, ocupando em vão o texto com emoções pessoais de aprovação ou desaprovação ou com julgamentos estéticos que apenas exprimem gostos individuais, discutíveis e sem qualquer validade científica.

7. Salvaguardando os casos muito específicos, por exemplo quando se tratar de preparar uma edição crítica, deve redigir-se o texto com uma ortografia actualizada. Os nomes próprios de indivíduos de épocas passadas devem ser sempre actualizados. Alguns exemplos:

Em vez de:	Escreva-se:
• *Luiz da Cunha*	• *Luís da Cunha*
• *Theophilo Braga*	• *Teófilo Braga*
• *D.Diniz*	• *D.Dinis*
• *Eça de Queiroz*	• *Eça de Queirós*
• *Francisco d'Almeida*	• *Francisco de Almeida*
• *Camillo Castelo Branco*	• *Camilo Castelo Branco*
• *Adolpho Coelho*	• *Adolfo Coelho*
• *Faustino Xavier de Novaes*	• *Faustino Xavier de Novais*
• *João Braz d'Oliveira*	• *João Brás de Oliveira*
• *Thomaz de Carvalho*	• *Tomás de Carvalho*
• *Luiz de Montalvôr*	• *Luís de Montalvor*
• *Mario de Sá-Carneiro*	• *Mário de Sá-Carneiro*

Contudo, respeite-se a grafia arcaica biográfica ou personalizada por alguns escritores:

Exemplos:

Sophia de Mello Breyner Andresen
Vergílio Ferreira
Ruy Belo
Tomaz Kim
Pedro Homem de Mello

Ruy Cinatti
Cristovam Pavia
Jaime Rebelo Hespanha
Al Berto

8. Todas as afirmações directas devem ser documentadas, remetendo para as fontes. Em nenhum caso se admite que o investigador omita as fontes que utilizou, incorrendo, se o fizer, em fraude que pode levar à anulação do trabalho.

9. Sempre que uma citação alheia não contribua para a compreensão imediata do contexto produzido, deve-se remetê-la para nota de rodapé ou de final de capítulo ou de final de livro, conforme a modalidade escolhida. Sobrecarregar o texto com citações alheias pode redundar numa dissertação incaracterística, sem que a originalidade a que o investigador está obrigado possa ser reconhecida. A selecção e oportunidade das citações é um importante factor de avaliação de um trabalho científico.

10. A correcção do texto científico passa também pelo estilo adoptado e pela correcção ortográfica, pelo que se recomenda, por exemplo, e atendendo a alguns erros comuns:[1]

---

[1] Para uma explicação pormenorizada de cada caso, consulte-se gramáticas, dicionários, consultórios de língua portuguesa e prontuários ortográficos actualizados.

10.1. Sempre que possível, eliminar a insistência do *que* (para tal basta uma leitura em voz alta para detectar a dissonância da prosa).

10.2. Evitar o excesso do artigo indefinido *um*, que os clássicos usavam com prudência.

10.3. Evitar o uso corrente e corrupto da locução *em que*, ocorrendo em contexto que exige o uso do pronome relativo invariável *onde* (=o lugar em que).

10.4. Evitar o uso da locução "enquanto que", que é uma tradução agramatical do francês ("tandis que"; "pendant que") e que se generalizou no português moderno. Contudo, é uma deturpação sem qualquer fundamento gramatical. Em português, *enquanto* é uma conjunção temporal que tem como equivalente a locução *ao passo que*.

10.5. Respeitar o género feminino de certas palavras erroneamente utilizadas nos dois géneros. Estão neste caso, por exemplo:

> *a* personagem
> *a* síndroma / *a* síndrome

10.6. Evitar linguagem pleonástica, mesmo que seja de uso corrente (só as expressões gramaticalmente correctas que entram numa língua e cujo uso se generaliza devem ter validade; o facto de uma expressão ser de uso comum não é suficiente para a validar, sobretudo se ela partir de um erro).[2]

FORMA PLEONÁSTICA	FORMA CORRECTA
antídoto contra	antídoto para
coincidir com	coincidir em; incidir com
subir para cima	subir para
entrar para dentro	entrar
breve alocução	alocução
monopólio exclusivo	monopólio
principal protagonista	protagonista
sob o ponto de vista	do ponto de vista

---

[2] A redundância de termos em certos casos tem emprego legítimo, para conferir à expressão mais vigor, ou clareza. Tal é aceitável no discurso literário e são exemplos bem conhecidos: "Vi claramente visto o lume vivo / Que a marítima gente tem por santo" (Luís de Camões, *Os Lusíadas*, V, 18) e "entraram no coche, carruagem sua especial dele." (Camilo Castelo Branco, *O Judeu*, I). Contudo, tal não é admissível no discurso científico. Também se exceptua o chamado epíteto de natureza, como *noite escura* ou *céu azul* ou ainda no exemplo bem conhecido: "Ó mar salgado, quanto do teu sal / São lágrimas de Portugal!" (Fernando Pessoa, *Mensagem*).

10.7. Distinguir *impacte* (substantivo) / *impacto* (adjectivo), já que quase sempre se utiliza erroneamente o adjectivo em contexto que exige a forma substantiva. (De notar que em português do Brasil, utiliza-se apenas *impacto* para ambas as categorias.)

10.8. Não utilizar o modismo erróneo: *na medida em que*. Não é reconhecido por nenhuma gramática ou dicionário como estrutura legítima da nossa língua. Embora o seu uso se tenha generalizado, é uma expressão agramatical e sem fundamentação semântica. Em vez desse bordão, utilize-se sem problema *porque*, *por motivo de*, *porquanto* ou *visto que*.

10.9. Distinguir o sentido de expressões parónimas:

EXPRESSÃO	SIGNIFICADO	EXPRESSÃO	SIGNIFICADO
adesão	aprovação, concordância	*aderência*	qualidade de aderente
descrição	acto de descrever	*discrição*	qualidade de discreto
de encontro a	contra; no sentido oposto a	*ao encontro de*	em favor de; na direcção de
emigrante	o que sai da pátria	*imigrante*	o que entra noutro país
eminente	superior	*iminente*	prestes a acontecer
ilegível	indecifrável	*elegível*	que pode ser eleito
aprender	adquirir conhecimento	*apreender*	entender

10.10. Evitar alguns anglicismos e galicismos que hoje se tornaram expressão corrente, sobretudo no discurso oral, embora seja desaconselhado o seu uso em textos científicos ou literários, quando existam na língua materna equivalentes. Alguns exemplos:[3]

ESTRANGEIRISMO COMUM	EQUIVALENTE PORTUGUÊS PREFERÍVEL
afazeres (fr.)	ocupações
constatar (fr.)	verificar
rentável; rentabilidade (fr.)	rendível; rendibilidade
nuance (fr.)	gradação
bizarro (fr.)	esquisito, excêntrico
à deriva (fr.)	ao sabor da corrente
detalhe (fr.)	minúcia, pormenor
fracasso (it.)	fiasco, mau êxito, malogro
sucesso (fr.)	êxito, vitória
massacre (fr.)	chacina, carnificina, matança
snob; snobismo (ing.)	enfatuado, presunçoso; enfatuação, presunção
revanche (fr.)	desforra, vingança
reprise (fr.)	repetição, reposição
complot (fr.)	conluio, conspiração
cicerone (it.)	guia (turístico)

---

[3] Para uma listagem completa de barbarismos e estrangeirismos a evitar, consulte-se um *Prontuário Ortográfico* actualizado.

10.11. Evitar os hiatos (encontro de duas vogais no fim de uma palavra e no princípio de outra; ex.: "Aponta a arma"), as colisões (aliterações que produzem som desagradável; ex.: "Sr. Soares sentiu sumamente a sua falta."), os ecos (palavras com terminação igual empregadas no discurso muito próximas umas das outras; ex.: "Não sem razão pensavam ser condição necessária um bom relacionamento entre vilãos e senhores.") e os cacófatos (sons desagradáveis, ou palavras obscenas, provenientes da união das sílabas finais de uma palavra com as iniciais da seguinte; exs.: *poderia-se, *há-des, pouca cautela, teu tio tem teimas).

10.12. Rever e certificar-se de que a acentuação gráfica está correcta, prestando especial atenção a erros comuns, por exemplo nas seguintes palavras não raro mal grafadas e de seguida apresentadas nas formas correctas:

hermenêutica
estômago
ímpeto
côdea
carácter/caracteres
pudico
inclusive/exclusive
outrem
sozinho
existencial

impor (e todos os verbos formados de *pôr*)
simultaneamente (e todos os advérbios de modo em *-mente*)[4]
bênção
órgão
juiz/juízes
júri
prò
etc.[5]

e em especial várias formas verbais como:

éramos
fôssemos
tínhamos
iríamos
amávamos
deveríamos
contribuíram
contribuía
distribuído
partíamos

---

[4] Exceptuam-se as palavras em [ã]: *cristãmente*.

[5] Para uma referência permanente e segura da ortografia das palavras, aconselha-se a consulta de um *Prontuário Ortográfico* actualizado, ou, caso queria adoptar o novo acordo ortográfico, consulte o Vocabulário Ortográfico do Português, disponível em: < http://portaldalinguaportuguesa.org>.

etc.[6]

10.13. Evitar a voz passiva, que não é apreciada no discurso científico e não raro produz incorrecções no uso dos particípios irregulares. Em vez de "A participação do Estado foi avaliada", escrever "Avaliei a participação do Estado". Se quisermos evitar a subjectividade do discurso, podemos optar por um registo impessoal do tipo: "Avaliou-se a participação do Estado".

10.14. Evitar expressões coloquiais ou da linguagem popular (por exemplo, em vez de "aquando" escrever "na ocasião em que").

11. As particularidades da acentuação de cada língua devem ser respeitadas quer nas letras minúsculas quer nas maiúsculas. A única excepção é o francês à, que apenas é acentuado no registo em letra minúscula.

12. Abreviaturas (V. também § III, 18-19.)

---

[6] Para uma lista completa das formas verbais, aconselha-se a consulta permanente de um *Dicionário de Verbos Conjugados.* Processadores de texto como o Microsoft Word e outros incluem este tipo de auxiliar, tornando muito fácil a sua consulta.

12.1. Sempre que haja necessidade de fazer ocorrer muitas vezes as mesmas indicações bibliográficas por extenso, nunca apresentar abreviaturas que correspondam às iniciais da obra citada. Quando houver necessidade de evitar a repetição de um mesmo título, sobretudo se for longo, deve-se utilizar uma abreviação discreta e clara. Por exemplo, se fizermos uma dissertação sobre o opúsculo de Antero de Quental: *Causas da Decadência dos Povos Peninsulares nos Últimos Três Séculos*, devemos abreviá-lo por um título curto (geralmente até à primeira palavra significativa do título original) e não por iniciais: *Causas* (e não *C.D.P.P.U.T.S.*). Outra forma de evitar, por exemplo, esta mesma repetição: "a conferência", quando no contexto é óbvio que se refere à conferência de Antero. O mesmo se pode aplicar a romances, peças, poemas, etc.

12.2. Quando houver necessidade de fazer ocorrer várias abreviaturas bibliográficas, comerciais, militares, científicas, etc. convém observar as convenções já existentes, consultando para o efeito dicionários e prontuários ortográficos actualizados. As listas de abreviaturas utilizadas numa dissertação devem ocorrer na parte pré-textual.

12.3. O emprego exagerado de abreviaturas prejudica a clareza das ideias, pelo que o seu recurso deve ser cuidadosamente ponderado.

12.4. Nunca começar uma frase com uma abreviatura.

12.5. Nunca começar uma nota com uma abreviatura que normalmente se regista com letras minúsculas (**e.g.**, **i.e.**, **pp.**). Se tal for de todo inevitável, deve-se manter as minúsculas.

[11] pp. 12-17.
(*não escrever*: [11] Pp.12-17.)

12.6. A primeira vez no texto que se utiliza uma dada abreviatura, deve-se remeter o leitor para a lista de abreviaturas, que, eventualmente, se elaborou.

13. Números até cem devem ser escritos por extenso quando o contexto não for estatístico.

14. Moedas

14.1. Quando o contexto expressa uma quantia simples de dinheiro, escreve-se por extenso.

- *Vendeu-se o livro por cinco mil escudos.*
- *Este computador custa novecentos dólares.*
- *Pagámos quinhentas pesetas de portagem.*

14.2. Quando o contexto expressa quantias complexas de dinheiro, recorre-se à anotação dos algarismos.

- *Vendeu-se o livro por 5430$00.*
- *Este computador custa $ 922.*
- *Pagámos 70p de portagem. / Pagámos 56€ de portagem.*

15. Pesos e medidas

15.1. Em contextos não estatísticos, ocorrem por extenso.

Comprei este quilo de pêssegos na loja que fica a dez metros dos Correios.

15.2. Em contextos de índole estatística, usam-se as respectivas abreviaturas.

- *Nas notas de rodapé, usa-se a fonte de 8 pontos.*
- *Portalegre fica a 236 km de Lisboa.*

15.3. Algumas abreviaturas não tomam o [s] no plural nem o ponto.

- 1 kg
- 23 kg
- 10mm
- 345cm
- 1500m
- 4l

16. Datas

16.1. Devem ocorrer na sua forma completa, por exemplo: 25 de Abril de 1974.

16.2. Nos casos em que for necessário recorrer à forma abreviada, respeita-se a mesma sequência: 25-4-1974 ou 25/4/1974.

16.3. Se se regista apenas o mês e o ano, pode-se omitir a preposição: Abril 1974.

16.4. Para referências temporais entre duas datas, usam-se as formas completas:

- de 1974 a 1994 (*não*: "de 1974-94")
- de Janeiro a Abril (de) 1974 (*não*: "de Janeiro-Março (de) 1974)

16.5. Em referências da era, a.C. sucede o ano e d.C. precede-o: 57 a.C., d.C. 564.

16.6. Em referências da era que digam respeito a períodos de tempo entre duas datas antes de Cristo, não se usam abreviações, para que a informação seja clara:

- Platão (428 a.C.-348 a.C.)
- *não*: Platão (428 a.C.-48 a.C.)

16.7. Em datas aproximadas, usa-se o termo *circa* abreviado [*c.*] e em itálico: *c.*1525.

16.8. No registo de datas, os números inclusivos devem ser dados sempre até ao algarismo das dezenas:

- 1950-54
- 13-17

16.9. Os séculos ocorrem nas seguintes formas:
- séc.XIX
- sécs.XIX-XX

16.10. As décadas devem registar-se da seguinte forma:

- anos 20
- *não*: 1920s

17. Pontuação - algumas particularidades

17.1. Elipses. (V. também § III, 53.)

- [...] - Indica que se suprimiu parte de um texto citado e retém a pontuação original sempre que possível.

Exemplo:

> A razão porque me revesti hoje de aspecto tão insólito ireis sabê-la se me quiserdes ouvir, não com a atenção que prestais aos sermões piedosos, mas com a que logo se excita na presença dos charlatães, dos bobos, e dos saltimbancos. [...] Praz-me agir diante de vós como um sofista [...].

- Quando o começo de uma frase é omisso, a primeira palavra a seguir à elipse deve ocorrer com maiúscula inicial, mesmo que tal não surja no texto transcrito.

Exemplo:

> Carlos, no entanto, pensava no motivo que o trazia a Sintra. E realmente não sabia bem porque vinha: mas havia duas semanas que le não avistara certa figura que tinha um passo de deusa pisando a Terra, [...] Agora supunha que ela estava em Sintra, corria a Sintra.

- [ ] - Empregam-se os colchetes quando se intercalam letras ou palavras que não pertencem ao texto original quando se deseja incluir numa citação bibliográfica uma informação que não conste da obra citada ou no uso da convenção [*sic*]. (Sobre esta convenção,

v. também § II, 25.)

Exemplos:

Mha senhor, falar-uus-ey,
h_ pouco, se mh ascuytardes,
e ir-m'ey, quando mandardes,
mais aqui nõ [e]starey.

Tanto ela [Dulcineia do Toboso] como as
suas damas parecem feitas de ouro, pérolas,
diamantes, rubis e telas de brocado.

SALVADO, António (org.). *Antologia da
Poesia Feminina Portuguesa*. Edições J.F.,
s.l., [1973].

Ele jurou dizer a verdade, a velha [*sic*]
verdade e nada mais do que a verdade.

17.2. Quando a pontuação ocorra em itálicos
ou pertença a uma dada expressão em itálico dentro de
uma frase na fonte normal, o sinal de pontuação deve
seguir também em itálico.

Exemplos:

Que epopeia consegue adquirir maior feição
pedagógica do que *Os Lusíadas?*

A tragédia é o tom narrativo do romance de Faulkner: *Absalão, Absalão!*, título retirado dos textos bíblicos.

Quem escreveu *Quem Tem Medo de Virginia Woolf??*

17.3. Em trabalhos de índole científica, não se devem usar frases exclamativas.

18. Os **nomes de períodos literários, culturais, artísticos**, etc. são geralmente escritos sem inicial maiúscula (*romantismo, neoclassicismo, cubismo, estruturalismo, surrealismo, pós-modernismo*, etc.), assim como os derivados de nomes próprios (*platonismo, platónico, aristotelismo, aristotélico, neogarrettismo, freudiano, queirosiano*, etc.). Contudo, os nomes de épocas ou períodos históricos devem escrever-se com maiúscula inicial (Idade Média, a Reforma, o Iluminismo, o Antigo Regime, etc.). Esta questão está tratada no novo Acordo Ortográfico (1990): na denominação das áreas do saber, cursos e disciplinas escolares torna-se opcional o uso de maiúscula ou minúscula inicial. Assim, como boa regra, assuma-se uma opção e mantenha-se essa opção em todos os documentos produzidos.

19. Como regra geral de estilo, evitar o abuso de maiúsculas iniciais é sempre uma boa opção.

20. No caso particular das palavras *escritor*, *poeta*, *romancista*, *dramaturgo*, *filósofo*, *autor* e afins, sempre que substituam nomes próprios, devem ocorrer com letra inicial maiúscula.

Exemplo:

A história de *Rei Édipo* é bem de carácter grego; algo de desagradável é profetizado, as pessoas envolvidas tentam afastar a profecia e consideram-se a salvo, mas de um modo natural, embora surpreendente, a profecia cumpre-se. Quererá o Autor de *Rei Édipo* dizer-nos que o Homem é apenas o joguete do destino?

21. Evitar o uso de itálicos ou aspas para ênfase retórica. Qualquer palavra ou expressão explicada individualmente, deve, no entanto, surgir em itálico (ou sublinhada, em alternativa).

Exemplo:

A tessitura da sua voz depende, assim, do modo como nela ecoa toda a tradição cultural clássica e moderna, no que poderíamos designar por *contemporaneidade.*

22. O vocabulário onomástico de línguas como o russo ou outras que utilizem o alfabeto cirílico deve ocorrer na forma portuguesa sempre que exista um registo consagrado pelo uso, que poderá sempre ser confirmado por um dicionário ou enciclopédia actualizados.

Exemplos:

- Dostoievski
- Tolstoi
- Alexandre Pushkin

23. Palavras ou expressões estrangeiras isoladas devem ocorrer em itálico. Contudo, aquelas cujo uso se tornou corrente em português devem manter a fonte normal.

Exemplos:

EM ITÁLICO	NA FONTE NORMAL
mutatis mutantis	avant-garde
carpe diem	cliché
théatron	ennui
anabasis	leitmotif
Angst	résumé
anima	mass media
Unheimliche	pizza
self	status quo
renovatio	vice versa

différance	grosso modo
axis mundi	soirée
Dasein	input

24. Algumas palavras latinas e abreviaturas de uso corrente em português não ocorrem em itálico.

- cf.
- e.g.
- et. alii/et. al.
- etc.
- ibidem/ibid.
- idem/id.
- passim
- op.cit.
- s.v.
- apud/ap.

25. O termo latino *sic* ["assim"], palavra que se pospõe a uma citação, ou que nesta se intercala, entre colchetes, para indicar que o texto original é bem assim, por errado ou estranho que pareça, deve ocorrer sempre em itálico, pois a sua utilização é frequente em citações, o que obriga a tal distinção.

Exemplo:

Acabou por declarar que a única medida que traria o pânico aos abomináveis [*sic*] cartéis da droga seria a liberalização generalizada do consumo.

26. Citações de textos electrónicos

26.1. Consideramos dois tipos de fonte electrónica aceitável num trabalho científico: textos disponíveis via WWW e textos disponíveis via FTP. Forma geral de registo de uma entrada disponível na Internet (tenha em atenção que deve desfazer a hiperligação, caso contrário alguns sinais poderão ficar invisíveis, como o sublinhado presente em muitos endereços):

Autor, "Título", disponível em: <http://.........>, consultado em ... .

Exemplos:

ISO - International Standard Organization. Excerpts from International Standard ISO 690-2 Information and documentation - Bibliographic references - Part 2: Electronic documents or parts thereof. Disponível em <http://www.nlc-bnc.ca/iso/tc46sc9/standard/690-2e.htm>, consultado em Março de 2010.

"Languages 2010 and beyond", disponível em: <http://ec.europa.eu/languages/languages-of-europe/languages-2010-and-beyond_en.htm>, consultado em Novembro de 2011.

26.2. Quando consultar uma base de dados de textos electrónicos e o endereço for demasiado longo, porque tais bases de dados são do conhecimento geral ou de comunidades científicas que facilmente identificarão a fonte, basta indicar o endereço principal:

> "Education at a Glance 2006", <http://www.oecd.org>, consultado em Novembro de 2011.

> Donald P. Costello. "The Language of *The Catcher In The Rye*", disponível em: <www.jstor.org>, consultado em Novembro de 2011.

26.3. Não devem ser consideradas fontes electrónicas citáveis em trabalhos académicos, salvo excepções fundamentadas, textos de blogues, fóruns de discussão, redes sociais, correio electrónico, páginas generalistas, enciclopédias universais (por exemplo Wikipédia), e sítios pessoais.

3. Apresentação formal e referenciação bibliográfica

1. Todos os textos devem ser dactilografados a 2 espaços e escritos num só lado de folhas de papel A4.

2. O texto deve ter amplas margens em todos os seus lados. Considere-se a necessidade de deixar a margem esquerda com uma largura suficiente, de tal forma que, nos trabalhos encadernados, seja possível ler sem dificuldade todo o texto. São medidas geralmente utilizadas 1.5" ou 2" à esquerda e 1" à direita.

3. Não se deve justificar o texto na margem direita, sendo o recurso à hifenização desaconselhado, sobretudo quando se utilizam várias línguas estrangeiras, que obedecem a normas específicas de translineação.

4. As cópias a apresentar para avaliação ou publicação devem ser perfeitamente legíveis e fotocopiadas com a maior eficiência possível de forma a obter cópias fiéis do original.

5. A primeira linha de cada parágrafo deve ser tradicionalmente iniciada 4 espaços depois da vertical esquerda recorrendo ao <TAB>. Em nenhum caso se deve proceder de forma a iniciar um parágrafo fazendo correr o texto sem o recurso ao <TAB>. Como única opção válida, a primeira linha de um novo capítulo pode seguir segundo essa forma de notação. Também não se aceita o uso de uma linha em branco entre parágrafos.

A DIALÉCTICA DO DESEJO EM *O CRIME DO PADRE AMARO*

Por volta de 1872, Eça tentará o escrutínio desse elemento invisível da sociedade portuguesa de *fin-de-siècle*: a mulher. Nesta altura, Eça tinha completado a primeira versão de *O Crime do Padre Amaro*, por isso as indagações que agora faz sobre o carácter feminino têm naturalmente como modelo literário Amélia e as irmãs Gansoso, no *Amaro*, e Luísa e a liberal Leopoldina, no *Basílio*. A posição de força que o homem toma no universo queirosiano, nitidamente falocêntrico, sujeitando a mulher ao papel clássico de objecto domesticado, exige um inquérito rigoroso, que hoje, com todos os instrumentos de análise que a psicanálise pós-freudiana (de certa forma, uma posteridade fundada num movimento de retorno à base, portanto, mais pró-freudiana) colocou ao dispor da crítica cultural e literária, se tornou possível fazer.

No seminário "Deus e a *jouissance* d'A mulher", Lacan afirma que A mulher não existe, isto é, enquanto realidade sexual, a mulher tem apenas o valor de uma fantasia. Isto significa que a relação sexual assim entendida é o resultado de um só indivíduo. Contraposta a esta posição fantástica da mulher, Lacan propõe o conceito de *jouissance*, esse momento em que a sexualidade é assumida como um excesso que ultrapassa em significado o universo fálico.

> Partindo destes pressupostos, veremos como *O Crime do Padre Amaro* ilustra na perfeição o princípio da *jouissance* da mulher, (...)

6. Divisões do trabalho, por ordem de ocorrência:

- **capa** (com nome da universidade, faculdade, departamento, título do trabalho, nome do autor, nome da cadeira e respectivo docente, data)
- **parte pré-textual**
- **corpo principal do trabalho** (a primeira página deve iniciar-se com o título do trabalho)
- **parte pós-textual**

7. A parte pré-textual, a suceder à capa, inclui:

- **dedicatória** (eventual)
- **agradecimentos** (eventuais)
- **sumário** (resumo, *abstract* ou *résumé*, de uma página, destinado sobretudo a teses)
- **índice geral** ou **tábua de matérias**
- **relação de tabelas, gráficos, figuras, *hors-textes*** (podem ocorrer no fim do trabalho, sob a forma de índice de ilustrações)
- **advertência** (eventual)
- **lista de abreviaturas** (eventual)
- **prefácio** (não necessariamente da

responsabilidade do autor do trabalho)
- **preâmbulo** (da responsabilidade do autor co trabalho)

8. A parte pós-textual inclui:

- **notas** (se não se optou pelo critério de referência em pé de página ou fim de capítulo)
- **posfácio** (eventual)
- **apêndice(s)** (materiais trabalhados e elaborados pelo autor)
- **anexo(s)** (documentos auxiliares alheios)
- **bibliografia** (separada do texto principal e colocada no final do trabalho, mas antes do(s) índice(s)
- **índice(s)** (analítico, remissivo, onomástico, antroponímico, etc.)

9. Em trabalhos de curta extensão (menos de 40 páginas), não se elaboram índices. É geralmente o caso de ensaios literários de pequeno desenvolvimento.

10. Paginação

10.1. A primeira página do texto corresponde à página 1.

10.2. A utilização de cabeçalhos (V. exemplificação neste manual: iniciar sempre a ocorrência de cabeçalhos na segunda página do texto em que se inserem; fazer ocorrer neste opção a paginação superior direita) é opcional, assim como a colocação do número de página (no canto superior direito, no canto inferior direito ou ao centro do pé de página).

11. Se a parte pré-textual de um trabalho for extensa (mais de 12 páginas), pode-se recorrer à numeração romana do pré-texto e à numeração árabe para o texto e o pós-texto.

12. Fotografias, pinturas, desenhos ou iluminuras devem figurar em folha própria ou porta-fólio, sem numeração de página.

13. O início de um capítulo deve ocorrer em nova página, ocupando o título o terço superior da página e com caracteres destacados.

14. Notas - A utilização de notas e referências bibliográficas obedece a regras rígidas de apresentação, suportando, no entanto, algumas variantes que aqui se limitam para uma maior uniformidade de critérios. Reservam-se as notas para:

14.1. Identificar todas as citações feitas no texto;

14.2. Fazer considerações suplementares e/ou marginais que de outra forma fragmentariam o fio do discurso do texto;

14.3. Remeter o leitor para outras partes do trabalho ou para outras obras de referência;

14.4. Chamar a atenção para a existência de um apêndice ou anexo (indicando a sua numeração).

15. Notas – especificidades

15.1. Utilizar preferencialmente notas de rodapé, em vez de notas remetidas para o final do capítulo, artigo ou livro. Contudo, em algumas publicações, é hoje também prática corrente colocar as notas quer no final dos capítulos quer no final do livro, critério bastante discutível em virtude de dificultar a leitura do texto, por obrigar a um constante salteamento de páginas.

15.2. As notas devem ser numeradas ao longo do texto e não por página.

15.3. O espaçamento nas notas é sempre de uma linha.

15.4. A fonte utilizada deve ser também de menor dimensão do que aquela que ocorre no texto principal.

15.5. O número indicativo da nota deve ser sobrescrito após todos os sinais de pontuação, excepto o travessão. (V. exemplificação nesta página.)[7]

15.6. Evitar o uso de notas em títulos de capítulos ou subcapítulos. De outra forma, pode-se incluir ambiguamente tal referência em eventuais citações bibliográficas do título em questão. Uma nota averbada à primeira ou última frase do capítulo ou subcapítulo pode ultrapassar esta ambiguidade.

15.7. Evitar tanto quanto possível o recurso a referências cruzadas do tipo: "Ver p. 44", "Cf. pp. 56-59", que podem trazer problemas de publicação, se as páginas não coincidirem. Facilmente se ultrapassa este problema, se se utilizar as referências aos capítulos, secções ou notas, em vez de remeter para as páginas: "Ver cap. 3", "Cf. cap. 3, nota 4".

---

[7] Utilizar preferencialmente notas de rodapé, não só pela facilidade de leitura como também para salvaguardar a comparação imediata feita naqueles casos em que nelas se discutem demoradamente aspectos marginais do texto.

16. Quando temos necessidade de fazer uma referência bibliográfica em nota, não é necessário apresentá-la completa, se essa informação vai ocorrer na bibliografia. Neste caso, regista-se apenas o autor, o título e a página. (V. exemplificação nesta página.)[8]

17. Numa nota de rodapé ou de final de texto, quando temos necessidade de fazer uma referência bibliográfica, não se faz a inversão nome próprio/apelido. Este é um erro muito comum, que não tem justificação, pois uma nota de rodapé não é uma lista bibliográfica, logo tal inversão é absurda por não haver necessidade de alinhar alfabeticamente vários nomes de autores (V. exemplificação correcta nesta página.)[9]

18. Em geral, não usar abreviaturas, a não ser em casos convencionais. (V. também § II, 12.) Salvaguardem-se os seguintes casos, observando a colocação do ponto final em português e a sua omissão em algumas línguas, como o inglês:

POR EXTENSO	PORTUGUÊS	INGLÊS
Senhor	Sr.	Mr
Senhora	Sra.	Mrs, Ms, Mme

---

[8] João José Cúcio Frada, *Guia Prático para Elaboração e Apresentação de Trabalhos Científicos*, p. 23.

[9] James Thrower, *Breve História do Ateísmo Ocidental*, tradução de Ana Mafalda Tello e Mariana Pardal Monteiro, col. "O Saber da Filosofia", Edições 70, Lisboa, 1982, p. 39.

Doutor	Dr.	Dr
Doutora	Dra.	Dr
São, Santo	S.	St
volume, volumes	vol., vols.	vol., vols
número, números	n^o, n^{os}	no., nos
manuscrito, manuscritos	ms., mss.	MS, MSS
Estados Unidos da América	E.U.A.	USA
Reino Unido	R.U.	UK
Times Literary Supplement	*TLS*	*TLS*
Jornal de Letras	*JL*	*JL*

19. De notar que outras abreviaturas tomam o ponto final quer em português quer em inglês, por exemplo: M. (para o francês *Monsieur*), p., pp., a.m..

20. Os nomes de santos principiados por vogal são, em regra, precedidos de *Santo*: Santo António, Santo Inácio; e os começados por consoante, precedidos de *São*: São José, São Tomás de Aquino.

21. Quando se deseja remeter o leitor para várias páginas sucessivas de uma citação, pode-se utilizar a abreviatura ss. ("seguintes"), que deve ocorrer após os algarismos árabes. Utiliza-se este critério sobretudo quando pretendemos remeter o leitor para um conceito ou assunto que começa a ocorrer numa determinada página e se estende pelas páginas seguintes: João José Cúcio Frada, op.cit., p. 15ss.

22. Quando repetimos a citação de uma mesma obra ou referência imediatamente anterior, utiliza-se *ibid*. [abreviatura de *ibidem*: "no mesmo lugar"]. (V. exemplificação nesta página.)[10]

23. Quando repetimos a citação de um mesmo autor referenciado na nota imediatamente anterior, utiliza-se *idem* ("a mesma coisa"). (V. exemplificação nesta página.)[11]

24. Quando queremos citar uma obra de um autor previamente referenciado, deve repetir-se o nome do autor e utilizar-se *op.cit.* [abreviatura de *opere citato*: "na obra citada"]. (V. exemplificação nesta página.)[12]

---

[10] James Thrower, ibid., p.46. [Indica que a obra a que se refere a citação está na nota imediatamente anterior, o que constitui a regra a seguir em todas as circunstâncias; caso contrário, quando de permeio existe pelo menos uma referência de outro autor ou obra, utiliza-se *op.cit.*]

[11] Idem, p.51. [Repete-se a citação do mesmo autor e da mesma obra, mas numa página diferente. Se a página fosse idêntica, utilizava-se *idem, ibidem* (v. norma 25)]

[12] João José Cúcio Frada, *op. cit.*, p. 87. [Esta anotação significa que entre a última citação deste autor e a presente citação existem outras referências de outros autores e obras. Distingue-se de *ibid.*, que se reserva para as citações imediatamente antecedentes.]

25. Quando a referência é completamente igual à que antecede, utiliza-se *idem, ibidem* (ou *id., ibid.*), que significa: o mesmo autor, a mesma obra, a mesma página. (V. exemplificação nesta página.)[13]

26. Quando queremos fazer uma chamada de atenção, em nota, para o confronto com uma discussão ou interpretação diferente ou aproximada, de acordo com o contexto ou intenção, deve-se utilizar a abreviatura *cf.* [*confer*, "confira"]. (V. exemplificação nesta página.)[14] De notar que a convenção *cf.* não significa rigorosamente o mesmo que *v.* ["ver"], sendo esta reservada para uma simples confirmação de informação.

---

[13] *Id., ibid.* [Note que a colocação em itálico destas expressões latinas é opcional, embora o uso mais comum seja o de recorrer ao itálico.]

[14] Cf. Eugene Ehrlich, *Nil desperandum - A Dictionary of Latin Tags and Phrases*, Guild Publishing, London, 1986, p.73. [Se quisermos chamar a atenção para uma nota já citada (ou a citar), devemos utilizar *cf. nota 1.*]

27. Quando queremos citar um verbete de um dicionário ou enciclopédia devemos destacar entre aspas (e em maiúsculas, como opção) o termo que identifica a entrada, antecedido da convenção *s.v.* [*sub verbo*, "sob a palavra"]. (V. exemplificação nesta página.)[15]

28. Quando pretendemos informar o leitor de que o assunto em discussão se apresenta tratado em vários lugares de uma mesma obra citada, deve-se utilizar a convenção *passim* ["aqui e ali"]. (V. exemplificação nesta página.)[16]

29. Embora seja reprovável utilizar o método de *citar em segunda mão*, nos casos em que for estritamente necessário referenciar uma citação apresentada por outro autor, deve-se usar a abreviatura *ap.* [*apud*, "segundo", "citado por"].[17]

---

[15] S.David Sperling, s.v. "GOD", in *The Encyclopedia of Religion*, Mircea Eliade (ed.), Macmillan, New York and London, 1987. [Note-se que se deve escrever *Macmillan* e não "MacMillan", como muitas vezes se regista erroneamente.]

[16] Jacques Derrida, passim "Of an Apocalyptic Tone Recently Adopted in Philosophy", trad. de John P. Leavey, in *Oxford Literary Review*, vol.6, nº2, 1984, 3-37. [Não se indica uma página em particular, pois significa que a referência ocorre em vários passos da obra citada.]

[17] Ap. F. E. Peters, *Termos Filosóficos Gregos*, p. 53.

30. Como alternativa à proliferação de notas de simples referência bibliográfica, nos casos em que é necessário citar várias vezes o mesmo autor em diferentes obras, pode-se utilizar no corpo do texto e entre parêntesis o sistema autor-data, salvaguardando o facto de que a referência completa se encontra na bibliografia:

- Autor,
- ano de publicação:
- página(s)

Exemplos:

(Vitorino Nemésio, 1970: 45)
(Gaston Bachelard, 1948*a*: 167-69)
(Gaston Bachelard, 1948*b*: 123-26)

31. Referências bibliográficas

31.1. As obras originais que são objecto de estudo directo num trabalho de crítica literária devem ocorrer sob o título de BIBLIOGRAFIA ACTIVA; as obras que sejam estudos críticos sobre os originais estudados, bem como as obras que sejam auxiliares da investigação desenvolvida nesse estudo devem ocorrer sob o título BIBLIOGRAFIA PASSIVA.

31.2. Em bibliografias extensas, aconselha-se uma divisão temática, de acordo com a especificidade do trabalho científico desenvolvido.

- Bibliografia activa:
  - Livros;
  - Antologias;
  - Traduções;
  - Entrevistas;
  - Dispersos.

- Bibliografia Passiva:
  - Obras de referência;
  - Livros;
  - Artigos em jornais e revistas;
  - Teses.

32. A bibliografia final, sempre apresentada por ordem alfabética dos apelidos, deve obedecer à seguinte disposição:[18]

- **Autor.**

---

[18] Existem vários critérios de anotação bibliográfica que prevêem disposições diferentes. A fim de acertarmos um mesmo critério de referência, propõe-se a disposição apresentada nesta norma. Contudo, pode aceitar-se como opção legítima, por exemplo, o sistema autor-data, que segue a seguinte ordem: nome do autor, ano de publicação, título da obra, local de edição, editora, volumes. Exemplo (numa listagem bibliográfica):

MONTEIRO, Adolfo Casais (1977). *A Poesia Portuguesa Contemporânea*, Sá da Costa, Lisboa.

- Título.
- Volume,
- nº de edição,
- tradutor,
- colecção,
- editor,
- local de publicação,
- data,
- página(s).

Exemplos:

BARTHES, Roland. *O Prazer do Texto*. Tradução de Maria Margarida Barahona, col. "Signos", Edições 70, Lisboa, 1988.

HENRICH, Dieter e Klaus Düsing (eds.). *Hegel in Jena - Die Entwicklung des Systems und der Zusammenarbeit mit Schelling. Hegel-Studien Beiheft XX*. Bouvier, Bona, 1980.

HODGSON, Peter e R. F. Brown. *Lectures on the Philosophy of Religion*. 3 vols., University of California Press, Berkeley, 1984-86.

LOPES, Óscar e António José Saraiva. *História da Literatura Portuguesa*. 15ª ed., Porto Editora, Porto, 1989 (1ª ed., 1955).

SÉRGIO, António. *Ensaios*. Vol.1, 3ª ed., col. "Clássicos Sá da Costa", Livraria Sá da Costa Editora, Lisboa, 1980.

SHARPLES, R.W. (ed.). *Plato - Meno*. Aris & Phillips, Wiltshire, 1985; Bolchazy-Carducc., Chicago, 1985.

TOUCHARD, Jean. *História das Ideias Políticas*. 4 vols., vol.1: *Da Grécia ao Fim da Idade Média*. Trad. de Mário Braga, col."Forum da História", Publicações Europa-América, Mem Martins, 1991.

33. Autor

33.1. Coloca-se um ponto no final de todos os nomes, embora a vírgula também seja aceitável.

33.2. A conjunção coordenativa [e] dos nomes dos autores em referências estrangeiras deve ser portuguesa. E nunca de deve inverter a ordem Nome/Apelido nos títulos com mais do que um autor para além do autor que surge em primeiro plano (trata-se de uma prática muito comum, mas injustificada pois a inversão faz-se para ordenar alfabeticamente várias ocorrências numa lista bibliográfica e essa ordenação faz-se apenas pelo apelido do primeiro autor; ver mais à frente norma 61):

HENRICH, Dieter e Klaus Düsing (eds.). *Hegel in Jena - Die Entwicklung des Systems und der Zusammenarbeit mit Schelling. Hegel-Studien Beiheft XX*. Bouvier, Bona, 1980.

HODGSON, Peter e R. F. Brown. *Lectures on the Philosophy of Religion*. 3 vols., University of California Press, Berkeley, 1984-86.

34. Título

34.1. Em itálico,[19] com iniciais maiúsculas, terminando com um ponto ou uma vírgula.

34.2. Os subtítulos, também em itálico, separam-se do título respectivo por um travessão - preferencialmente - ou dois pontos.

35. Volume

35.1. Em números árabes.

35.2. No caso de se tratar de uma obra em vários volumes com diferentes datas de publicação, tal informação deve ser averbada.

---

[19] O uso de *itálico* está disponível em qualquer processador de texto; quando os meios de produção utilizados não o permitirem, utiliza-se o sublinhado.

35.3. No caso de se tratar de uma obra em volumes ainda em publicação, indica-se a data do primeiro volume com um travessão e a data do volume referenciado entre parêntesis.

MATTOSO, José (dir.). *História de Portugal*. 8 vols., Círculo de Leitores, Lisboa, 1992–. Vol.4: *O Antigo Regime*. Coord. de António Manuel Hespanha (1993).

36. Nº de edição

36.1. Indicar a 1ª ed., se tiver sido feita já há algum tempo considerável ou existirem muitas edições posteriores. (Cf. quarto exemplo da norma 32)

36.2. Se for caso disso, indicar se se trata de uma edição revista [*ed.rev.*].

37. Colecção

37.1. Ocorre entre aspas. (Cf. primeiro exemplo da norma 32)

38. Editor

38.1. Não averbar ao nome do editor informações suplementares, tais como: "& Co.", "Lda.", "S.A.", etc. Contudo, "Press", "Verlag", "Editorial", etc. devem ser apensas ao nome da editora, quando esta não é um nome de um indivíduo:

- Éditions du Seuil
- Deutscher Zentralverlag
- Cambridge University Press
- Harvard University Press
- Editorial Presença
- Estante Editora
- Guimarães Editores
- Edições Cotovia

38.2. Não abreviar nomes de editoras, por exemplo, não escrever "O.U.P.", mas "Oxford University Press".

38.3. Se o nome do editor incluir "e" ou "&", a conjunção deve ser mantida. (Cf. sexto exemplo da norma 32)

38.4. Se o livro tiver mais do que um editor em locais de publicações diferentes, tal deve ser mencionado na referência bibliográfica. (Cf. sexto exemplo da norma 32)

38.5. Se se tratar de uma edição de autor, o modelo a seguir deve ser o seguinte:

ANDRESEN, Sophia de Mello Breyner. *Poesia*. Edição de Autor, Coimbra, 1944.

39. Lugar de publicação

39.1. Em todas as referências estrangeiras, quando a informação é dada na língua original ou mesmo em traduções deve-se registar o local de publicação na tradução portuguesa sempre que esteja consagrada na nossa língua. Por exemplo, Londres e Nova Iorque substituem perfeitamente os originais "London" e "New York".

39.2. Para livros publicados em mais do que um local, é suficiente indicar apenas o primeiro. Exceptuam-se Lisboa, Paris e Londres, quando ocorrem em citações duplas.

39.3. Se numa bibliografia extensa ocorrer inúmeras vezes o mesmo local de publicação, pode-se evitar tal redundância com uma chamada inicial em nota de rodapé do tipo:

Excepto indicação em contrário, o local de publicação de todas as referências é Lisboa.

39.4. Se não existir, utilizar a abreviatura: s.l.

40. Data

40.1. Com referência à 1ª edição, se se tratar de um original antigo, com muitas edições.

40.2. Se não existir data, utilizar a abreviatura: s.d.

41. Página(s)

41.1. Todas as entradas de uma bibliografia devem terminar com um ponto, deixando um espaço entre a abreviatura e o número da página:

ANDRESEN, Sophia de Mello Breyner. *Poesia.* Edição de Autor, Coimbra, 1944, p. 23.

42. O registo do apelido em maiúsculas totais é opcional, devendo, contudo, manter-se um critério coerente ao longo do trabalho.

43. A norma geral de escrita dos títulos com iniciais maiúsculas em todas as palavras significativas não é coerente nas principais línguas europeias de referência. O português e o inglês seguem essa regra geral; o espanhol e o italiano não utilizam as maiúsculas iniciais; o francês utiliza-as apenas na primeira palavra significativa, quando a primeira palavra do título é um artigo definido; o alemão segue a sua regra gramatical que obriga ao registo de maiúsculas iniciais nos nomes próprios. De notar que a Norma Portuguesa 405 [norma na área da informação e documentação, harmonizadas com a norma internacional ISO 690] define uma regra para a normalização das referências bibliográficas de todos os tipos de documentos que no meio académico português não é seguida: o registo dos títulos de livros não deve ser colocado em itálico e não têm maiúsculas iniciais. Esta norma é discutível, por isso não é seguida praticamente em nenhum trabalho científico escrito em Portugal. O uso académico generalizado de maiúsculas iniciais e itálico faz aqui a regra, como nos exemplos seguintes:

> ANTHOLOGIE de la poésie portugaise du XIIe au XXe siècle. Trad. para francês de Isabel Meyrelles, Gallimard, Paris. 1971.

> *ANTOLOGIA da Poesia Portuguesa (1940-1977)*. Org. por Maria Alberta Menéres e E. M. de Melo e Castro, Moraes, Lisboa, 1977.

ANTOLOGÍA de la poesía portuguesa contemporánea. 2 vols., trad. para o espanhol de Ángel Crespo, Ediciones Júcar, Madrid, 1982.

BACHELARD, Gaston. *La Terre et les revêries du repos.* Librairie José Corti, Paris, 1988 (1ªed., 1948).

CONTEMPORARY Portuguese Poetry - An Anthology in English. Ed. e trad. de Helder Macedo e E. M. de Melo e Castro, Carcanet, Manchester, 1978.

MATTOSO, José (dir.). *História de Portugal.* 8 vols., Círculo de Leitores, Lisboa, 1992–. Vol.4: *O Antigo Regime.* Coord. de António Manuel Hespanha (1993).

NOVALIS. *Hymnen an die Nacht.* Edição bilíngue, trad. de Fiama Hasse Pais Brandão, Assírio & Alvim, Lisboa, 1988.

44. Títulos de certas obras de referência de natureza religiosa não ocorrem em itálico:

- a Bíblia
- (Salmos, 22.17)
- (II S. João, 1.2)
- o Pentateuco
- o Corão

45. Citações curtas (ocupando até três linhas) devem ocorrer no corpo do texto principal e apresentadas entre aspas:

> O tratado *Da Alma* [de Aristóteles] propõe-se estudar e conhecer primeiro a natureza da alma e a sua substância, "depois as propriedades que com elas se relacionam e das quais umas parecem ser determinações próprias da alma em si, enquanto outras pertencem também, mas por ela, ao animal" (*Da Alma*, I 1 402 *a* 7). A importância deste tratado foi capital na história das ideias.

46. As aspas simples ('...') servem para distinguir uma citação dentro de outra citação:

> Para Sophia, a fantasia funciona porque serve para mostrar o real: "O fantástico é uma forma de comunicação rica, densa, eficaz: torna o real mais visível. Em toda a arte, quer seja fantástica quer seja 'realista', a substância é o real. Por isso o termo 'realista' pode ser muito mal entendido: pode fazer crer que o fabuloso ou o fantástico são 'irrealistas', o que é errado."

Podemos ao mesmo tempo dizer que a razão não se entende a si mesma e é por isso sabedoria de Deus? Diz-nos José Duro: "De súbito, abre-se o magnífico pórtico do Infinito e ouve-se uma voz homérica como o despenhar dos séculos bradar: 'Sou a Fé!'."

47. Citações longas devem ser isoladas, deixando uma linha de intervalo antes e depois da citação, mas nunca utilizando aspas. O espaçamento a utilizar, sempre que isole uma citação, um poema ou parte de poema, deve ser de 1 linha. Se possível, a fonte a utilizar deve ser menor do que aquela utilizada normalmente no texto. Por exemplo, se se utiliza a fonte de 12pt, nos textos isolados deve utilizar-se a fonte de 10 ou 11pt, embora seja aceitável manter o mesmo tamanho de fonte.

Uma nota de rodapé acrescentada como comentário ao princípio cartesiano do pensamento como o conjunto de todos os fenómenos do espírito (pensar seria igual a conceber, afirmar, querer, não querer, imaginar e sentir) dá-nos uma reflexão mais completa das relações entre pensar e ser:

Se o pensamento não se pode pensar como não-ser, é o ser. Não: também não se pode pensar como o ser. É o algo entre o ser e o não-ser. Como pensamento *pensado* não se pode pensar ser; como pensamento em si, pode, mas nunca pode atingir-se. O único númeno é o pensamento em si. O pensamento deixa de ser em-si por ter objecto. A filosofia que é o pensamento reflexo, é acto, divino regresso do mundo a Deus, pela consciência da ilusão (ou é a causa deste mito a ilusão dele, a fé que dele nasce).[20]

Pessoa abandona então o princípio de Parménides de que "pensar e ser é o mesmo", para afirmar que é algo "entre o ser e o não-ser". O que é que pode estar entre uma coisa que é e uma que não é?

48. Quando se cita apenas um ou dois versos de um poema ou até três linhas de prosa, exceptuando os casos em que se confrontam exemplos, não se isolam as citações, que correm normalmente no texto. O registo linear de mais de dois ou mais versos é anotado por uma barra [/], indicando final de verso, e por uma barra dupla [//], indicando final de estrofe:

---

[20] Fernando Pessoa, "Introdução à metafísica", in *Textos Filosóficos*, in *Obras em Prosa*, vol. 4, Círculo de Leitores, Lisboa, 1987, p.37.

Toda a filosofia de Régio se resume aos seguintes versos do "Poema do silêncio": "Senhor meu Deus em que não creio, porque és minha criação! / (Deus, para mim, sou eu chegado à perfeição...)".

Qual a postura de Carlos de Oliveira perante a busca de uma saída para a tristeza e a miséria humanas? À primeira vista, a sua perspectiva é bastante pessimista, como se lê no poema IV do conjunto "Coração" (*Mãe Pobre*), sobretudo na insistência na dor: "Vão-me doendo os olhos já de serem tristes. // Vão-me doendo".

49. Evitar o recurso a interpolações indicando fontes de citações. O uso de colchetes não é aconselhável (primeiro exemplo) nem a simples intercalação de vírgulas (segundo exemplo). A forma correcta de indicar uma fonte de citação é o seu isolamento sem interpolações (terceiro exemplo):

1) Oponhamos ao *catolicismo* [diz Antero de Quental], não a indiferença ou uma fria negação, mas a ardente afirmação da alma nova, a consciência livre, a contemplação directa do divino pelo humano, (isto é, a fusão do divino e do humano), a filosofia, a ciência, e a crença no progresso, na renovação incessante da humanidade pelos recursos inesgotáveis do seu pensamento, sempre inspirado.

2) "Oponhamos ao *catolicismo*", diz Antero de Quental na sua conferência sobre as *Causas da Decadência dos Povos Peninsulares*, não a

indiferença ou uma fria negação, mas a ardente afirmação da alma nova, a consciência livre, a contemplação directa do divino pelo humano, (isto é, a fusão do divino e do humano), a filosofia, a ciência, e a crença no progresso, na renovação incessante da humanidade pelos recursos inesgotáveis do seu pensamento, sempre inspirado.

3) Na sua conferência sobre as *Causas da Decadência dos Povos Feninsulares*, Antero de Quental conclui:

> Oponhamos ao *catolicismo*, não a indiferença ou uma fria negação, mas a ardente afirmação da alma nova, a consciência livre, a contemplação directa do divino pelo humano, (isto é, a fusão do divino e do humano), a filosofia, a ciência, e a crença no progresso, na renovação incessante da humanidade pelos recursos inesgotáveis do seu pensamento, sempre inspirado.

50. Os títulos de poemas e primeiros versos (na ausência de título), ensaios ou artigos registam-se em fonte normal, entre aspas.

- o poema "Os amantes sem dinheiro", de Eugénio de Andrade
- o soneto "Magro, de olhos azuis, carão moreno", de Bocage

- a introdução de Luís de Sousa Rebelo, "Os Rumos da Ficção de José Saramago"

- o ensaio "Saramago: Um 'Teólogo' no Fio da Navalha", de Eduardo Lourenço

51. Os excertos de peças de teatro devem ocorrer com o nome das personagens em maiúsculas, as indicações cénicas entre parêntesis e em itálico, dois espaços entre o nome do actor e a respectiva fala e uma linha de espaço entre as falas (exemplo 1). Se o texto for em verso (exemplo 2), deve ser centralizado com os nomes das personagens alinhadas à esquerda.

1) MADALENA (*correndo a abraçar Manuel de Sousa*) Estou boa já; não tenho nada, esposo da minha alma; todo o meu mal era susto, era terror de te perder.

MANUEL Querida Madalena!

MADALENA Agora estou boa: Telmo já me disse tudo e curou-me com a boa nova. Maria, Deus lembrou-se de nós: ouviu as tuas orações, filha, que as minhas... (*Vai recair na sua tristeza.*)

2) ANJO Que mandais?

FIDALGO   Que me digais,

> pois parti tão sem aviso,
> se a barca do paraíso
> é esta em que navegais.

ANJO   Esta é; que lhe buscais?

FIDALGO   Que me deixais embarcar;
> sou fidalgo de solar,
> é bem que me recolhais.

52. Após a primeira referência completa a uma peça de teatro ou poemas longos, pode-se inserir doravante no texto notações do tipo:

- *Os Lusíadas* (X.3.5)
- *Paradise Lost* (IX.342)
- *Auto da Índia* (I.20)
- *Eneida* (VI, 215)

53. Elipses

53.1. Em prosa, marcam-se com reticências entre colchetes [...]. (V. § II, 17.)

53.2. Em verso, coloca-se [...] no final do último verso citado ou uma linha de pontos de dimensão regular.

53.3. Em regra, não se coloca o sinal de elipse no princípio e/ou no final de cada citação, dado ser óbvio tratar-se um excerto de um contexto maior.

54. Quando um título em itálico regista o nome de uma outra obra, deve ocorrer em itálicos e colocando tal título entre aspas francesas [« »]:

Introdução à Leitura d'«Os Maias»

55. Os títulos de filmes, composições musicais ou obras de arte ocorrem em itálico. Se se citar apenas uma parte da obra em questão, não se utilizam nem o itálico nem as aspas; se se citar uma peça musical individual (um hino ou uma canção, por exemplo), utilizam-se apenas as aspas.

- *O Grande Ditador*
- *Blade Runner*
- *La Traviata*, de Verdi
- *Trigal e Ciprestes*, de Van-Gogh
- a Nona Sinfonia de Beethoven
- "A Portuguesa"
- "Yellow Submarine"
- "Fado do Mindelo"

56. Quando é necessário referenciar uma obra colectiva ou publicação em série e no caso de se ter optado pelo critério das maiúsculas, deve-se registar a primeira palavra significativa igualmente em maiúsculas totais. (Cf. supra norma 43)

COLÓQUIO-LETRAS. N°120, Abril-Junho 1991.

THE ENCYCLOPEDIA of Religion. 13 vols., ed. por Mircea Eliade, Macmillan, Nova Iorque e Londres, 1987.

MAGAZINE littéraire. Nº281, Outubro 1990.

PORTUGUESE Studies. Vol. 6, Modern Humanities Research Association, Londres, 1990.

REVISTA Internacional de Língua Portuguesa. Nº 3, Associação das Universidades de Língua Portuguesa, Julho 1990.

57. Referências bibliográficas a artigos de livros. Ordem a seguir:

- **Autor.**
- **Título do artigo,** (entre aspas e com maiúsculas iniciais)
- **título da publicação.** (em itálico; terminando em ponto)[21]
- **Volume.**
- **nº de edição,**

---

[21] Aceita-se como opção a vírgula em vez do ponto, salvaguardando o facto de o critério escolhido ser o mesmo em todas as referências.

- tradutor,
- editor,
- local de publicação,
- data,
- **páginas.** (indicar a primeira e a última páginas do artigo, *não* precedidas de "p." ou "pp.", que devem ser utilizados somente se for necessário referenciar páginas em particular, neste caso ocorrendo entre parêntesis)

Exemplos:

BERSANI, Leo. "Realism and the Fear of Desire", in *Realism*. Ed. por Lilian R. Furst, Longman, Londres e Nova Iorque, 1992, 240-60.

DERRIDA, Jacques. "On commence et comment finit un corps enseignant", in *Politiques de la philosophie*. Ed. por Dominique Grisoni, Bernard Grasset, Paris, 1976, 55-97.

KITTO, H. D. F. "A Arte Dramática de Ésquilo", in *A Tragédia Grega*. Vol.2, 3ª ed., trad. de José Manuel Coutinho e Castro, Arménio Amado Ed., Coimbra, 1990, 179-216 (pp. 180-2).

MARTINS, Oliveira. "Crise da Mitologia Clássica", in *Sistema dos Mitos Religiosos*. 4ª ed., Guimarães Editores, Lisboa, 1986 (1ª ed., 1882), 213-24.

MOISÉS, Massaud. "O 'Eu' e o 'Outro' em *Estrela Polar*", in *Estudos sobre Vergílio Ferreira*. Org. e prefácio de Hélder Godinho, col. "Temas Portugueses", Imprensa Nacional - Casa da Moeda, Lisboa, 1982, 81-96 (p. 82).

58. Referências bibliográficas a artigos em revistas e jornais. Ordem a seguir:

- **Autor.**
- **Título do artigo,** (entre aspas, com maiúsculas iniciais)
- **título da publicação.** (em itálico; terminando em ponto)[22]
- **Volume,** (em números árabes)
- **nº de série,** (eventual)
- **tradutor,** (eventual)
- **editor,** (eventual)
- **local de publicação,** (eventual)
- **data,** (em artigos de jornais, indica-se a data entre parêntesis a seguir ao título)
- **primeira e última páginas do artigo citado.** (*não* precedidas de "p." ou "pp.", página citada se for caso disso (entre parêntesis e precedida de "p." ou "pp."; em artigos de jornais, pode-se

---

[22] De notar que em títulos de jornais ingleses não se regista o "A" nem o "The", com excepção de *The Times*. Exemplos: *Sunday Times, New York Times, Daily Telegraph, Independent, Guardian,* etc.

omitir a página)

Exemplos:

BÖSCHENSTEIN, Bernhard. "Die Dichtung Hölderlins", in *Zeitwende*. N° 48, Lahr, 1977.

DERRIDA, Jacques. "Signature Event Context", in *Glyph*. Vol. 1, John Hopkins University Press, Baltimore, 1977, 172-97.

-------. "Of an Apocalyptic Tone Recently Adopted in Philosophy", in *Oxford Literary Review*. Vol.6, n°2, trad. de John P. Leavey, 1984, 3-37.

FERREIRA, Vergílio. "Serás Poeta e Desgraçado", in *Colóquio-Letras - Memória de António Nobre*. N°127/128, Janeiro-Junho 1993, 17-26 (p. 24).

LOURENÇO, Eduardo. "Um Rio de Íntimo Sossego", in *Público* (9-7-1994).

PIMPÃO, Álvaro J. da Costa. "Antero de Quental e Baudelaire", in *Boletim do Instituto de Estudos Franceses*. Coimbra (1940-41), tomo I, 65-74. Separata. Coimbra, 1941. (Reproduzido em *Gente Grada*, por Álvaro Júlio da Costa Pimpão, Atlântida Editora, Coimbra, 1952, 51-61.)

SIMÕES, Manuel. "*A Jangada de Pedra* - Utopia Ibérica", in *Brotéria - Cultura e Informação*. Série mensal, vol.125, nº 5, Novembro 1987, 404-12.

VATTIMO, Gianni. "Il Dimagrimento della filosofia", in *Alfabeta*. Nº100, Milão, Setembro 1987.

59. Quando se referencia mais do que uma obra de um mesmo autor, deve-se utilizar um traço seguido de um ponto.

Exemplos:

PESSOA, Fernando. *Obra Poética*. 3 vols., Círculo de Leitores, Lisboa, 1987.

------. *Textos Filosóficos* (vol.4); *Textos Íntimos e Textos Epistolares* (vol.5): Obras em Prosa. 5 vols., Círculo de Leitores, Lisboa, 1987.

PLATÃO. *O Simpósio — ou do Amor*. Trad. De Pinharanda Gomes, col. "Filosofia e Ensaios", Guimarães Ed., Lisboa, 1986.

------. *Górgias*. Trad. de Manuel de Oliveira Pulquério, col. "Clássicos Gregos e Latinos", Edições 70, Lisboa, 1992.

------. *Fedro*. 2ªed. revista, trad. de Pinharanda Gomes, col. "Filosofia e Ensaios", Guimarães Ed., Lisboa, 1981.

60. Quando se referencia uma obra colectiva, deve-se utilizar a convenção: AA. VV.   [Autores Vários]:

AA. VV. *A Phala - Um Século de Poesia*. Assírio & Alvim, Lisboa, 1989.

61. Quando uma obra tem dois ou três autores, inverte-se apenas o nome próprio/apelido do primeiro autor, ficando os restantes na ordem natural:

ALMEIDA, J. F. e J. M. Pinto (orgs.). *Metodologia das Ciências Sociais*. Afrontamento, Porto, 1986.

BURGIN, Victor, James Donald e Cora Kaplan (eds.). *Formations of Fantasy*. Routledge, Londres e Nova Iorque, 1989.

62. Quando uma obra tem mais do que três autores, pode-se indicar apenas o nome do primeiro autor e utilizar a convenção *et al.* [*et alii,* "e outros"], sem repetir o ponto como separador do nome e do título (se se optou pela vírgula, deve-se utilizá-la):

ALTIZER, Thomas J. et al. *Deconstruction and Theology*. Crossroads, New York, 1982.

63. Quando se referencia mais do que uma obra de um
mesmo autor, cujo ano de edição seja o mesmo, deve-
se acrescentar uma letra (em itálico):

SENA, Jorge de. *Dialécticas Aplicadas da
Literatura*. Edições 70, Lisboa, 1978*a*.

----- (org.). *Poesia do Século XX.* Inova, Porto,
1978*b*.

64. Quando se referencia o nome de um autor, cuja
inversão nome(s) próprio(s)/apelido termina com
inicial/ponto, não se repete o ponto como indicativo
separador do autor e do título (1ª Opção), a não ser
no caso em que se optou por colocar sistematicamente
uma vírgula em vez do ponto (2ª Opção).

1ª Opção:

SCHMIDT, Siegfried J. "Interpretation: Sacred
Cow or Necessity?", in *Poetics* nº12. North-
Holland, Amesterdão, 1983.

2ª Opção:

SCHIMDT, Siegfried J., "Interpretation: Sacred
Cow or Necessity?, in *Poetics* nº12. North-
Holland, Amesterdão, 1983.

65. Quando um autor é o organizador de uma obra colectiva, deve utilizar-se uma das seguintes abreviaturas, conforme os diferentes casos: *org.* ["organizador"], *dir.* ["direcção"] ou *ed./eds.* ["editor"/"editores"].

Exemplos:

CASTILLO, Romera (ed.). *La literatura como signo.* Playor, Madrid, 1981.

HARARI, Josué V. (ed.). *Textual Strategies - Perspectives in Post-structuralist Criticism.* Methuen, Londres, 1979.

PRADO COELHO, Jacinto (dir.). *Dicionário de Literatura.* 5 vols., 3ªed., Figueirinhas, Porto, 1981.

ROBIN, Régine (ed.). *Langage et idéologies.* Éditions Ouvrières, Paris, 1974.

SEIXO, Maria Alzira e David Mourão-Ferreira (orgs.). *Portugal - A Terra e o Homem.* Fundação Calouste Gulbenkian, Lisboa, 1980.

66. Teses, conferências e trabalhos não publicados devem ocorrer entre aspas francesas, indicando a instituição onde foram apresentados, o título académico, a data e, eventualmente, o número de catologação.

Exemplos:

CASCAIS, António Fernando da Cunha Tavares. «Michel Foucault - De uma Arqueologia do Saber a uma Vontade de Verdade». Tese de Mestrado, Departamento de Comunicação Social, Faculdade de Ciências Sociais e Humanas, Universidade Nova de Lisboa, 1987.

LOPES, Francisco Caetano. «Anotações à Margem - Questões de Crítica nos Romances de Manuel Puig, "El Beso de la Mujer Araña", Silviano Santiago, "Stella Manhattan" and José Cardoso Pires, "Balada da Praia dos Cães". Tese de Doutoramento, University of Pittsburgh, 1988. (UMI/89-11280)

VON GUNTEN, V. «Rural Development and Socialist Transformation in Mozambique - 1975-1983». Tese de Mestrado, London School of Economics, 1988.

67. Fontes manuscritas não publicadas e existentes em arquivos devem seguir o mesmo critério da norma anterior, com identificação do respectivo arquivo e local onde se encontra, podendo fazer uso das abreviaturas comuns para "folhas" (*fls.*) e "manuscritos" (*ms.*). As siglas [f] [*folio*], [r] [*recto*] e [v] [*verso*] devem ser grafadas em sobrescrito.

Exemplos:

A.N.T.T. Núcleo Antigo, nº750, fls. 1-2, «Livro da Despesa de Diogo de Évora», Setúbal, 2 de Abril, 1516.

B:A. Ms. 49-III-52, fls. 228^r-228^v.

B.N.L. Códice Alcobacence nº208: «Livro dos Usos da Ordem de Cister», fls.61-62v.

68. Quando se pretende identificar o autor com títulos académicos, nobiliárquicos, profissionais ou religiosos, procede-se à sua indicação imediatamente depois do(s) prenome(s):

Exemplos:

- CLEARY, Thomas, Ph.D.
- COELHO, Jacinto do Prado, Prof.Dr.
- COELHO, Jacinto do Prado, Prof.Doutor.
- COELHO, Jacinto do Prado, Professor

Doutor[23]

- JOÃO DA CRUZ, S.[24]
- JOÃO PAULO II, Papa.
- POMBAL, Sebastião José de Carvalho e Melo, conde de Oeiras, marquês de.
- CARVALHO E MELO, Sebastião José de, conde Oeiras, marquês de Pombal.[25]

---

[23] Em algumas instituições do ensino superior, por vezes é costume estabelecer uma distinção entre formas abreviadas e por extenso destes títulos académicos, fazendo-os corresponder às categorias profissionais: professor auxiliar ("Prof. Dr."), professor associado ("Prof. Doutor") e professor catedrático ("Professor Doutor"). Apesar de lógico, este critério é arbitrário e está longe de se poder universalizar. Acresce que tais títulos não têm hoje correspondência na maior parte das línguas cultas, que tendem a simplificá-los. Por exemplo, em inglês, reserva-se o título de "Dr" para doutorados e o de "Prof" para professores catedráticos. Em obras publicadas, hoje em nenhuma língua se tende a averbar o título académico ao nome do autor. De notar ainda que pseudo-títulos académicos de uso corrente e falacioso em Portugal como "Eng." (Engenheiro) ou "Arq." (Arquitecto) não devem ser considerados.

[24] Quando se tratar de uma autoridade religiosa, não se faz a inversão convencional, atendendo-se ao nome pelo qual ficou conhecido.

[25] A primeira forma é preferível, por ser o nome pelo qual a personalidade é mais conhecida.

BIBLIOGRAFIA

American Psychological Association. (2001). *Publication manual of the American Psychological Association (5.ª ed.). Washington, DC: APA.*

AZEVEDO, Carlos A. Moreira; AZEVEDO, Ana Gonçalves de - *Metodologia Científica: contributos práticos para a elaboração de trabalhos académicos.* 5.ª ed.. Porto: C. Azevedo, 2000

BUTCHER, Judith. *Copy-Editing - The Cambridge Handbook.* 3ªed., Cambridge University Press, Cambridge, 1992.

CAMPBELL, W.G. e S.V.Ballou. *Form and Style - Theses, Reports, Term Papers.* 8ªed., Houghton Mifflin, Boston, 1989.

CARMO, Hermano; FERREIRA, Manuela - *Metodologia da Investigação.* Lisboa: Lisboa: Universidade Aberta, 1998..

THE CHICAGO Manual of Style. 13ªed., University of Chicago Press, Chicago, 1982. (versão electrónica actual disponível em: <http://www.chicagomanualofstyle.org>)

ECO, Umberto. *Como se Faz uma Tese em Ciências Humanas*. 15ªed., trad. de Ana Falcão Bastos e Luís Leitão, Presença, Lisboa, 2007.

FRADA, João José Cúcio. *Novo Guia Prático para Elaboração e Apresentação de Trabalhos Científicos*. Sete Caminhos, Lisboa, 2005.

FRAGATA, Júlio. *Noções de Metodologia para a Elaboração de um Trabalho Científico*. 3ªed., Livraria Tavares Martins, Porto, 1980.

GIBALDI, Joseph e Walter S. Achtert. *MLA Handbook for Writers of Research Papers, Theses and Dissertations*. 7ªed., Modern Languages Association, Nova Iorque, 2009.

HART'S Rules for Compositors and Readers at the University Press, Oxford. 39ªed., Oxford University Press, Oxford, 1983.

LAKATOS, Eva Maria; MARCONI, Marina de Andrade - *Metodologia Científica*. 2ª ed. São Paulo: Editora Atlas, 1994. ISBN - 85-224-0641-3.

MALCLES, Louise-Noelle. *Manuel de Bibliographie*. 3ème ed. revue par André Chéritier, P.U.F., Paris, 1976.

MHRA Style Book - Notes for Authors, Editors, and Writers of Theses. 4ªed., Modern Humanities Research Association, Londres, 1991.

Norma Portuguesa NP 405-1: informação e documentação: referências bibliográficas: documentos impressos. Lisboa: Instituto Português da Qualidade. Comissão Técnica 7, 1995.

Norma Portuguesa NP 405-2: informação e documentação: referências bibliográficas: parte 2: materiais não livro. Lisboa: Instituto Português da Qualidade. Comissão Técnica 7, 1998.

Norma Portuguesa NP 405-3: informação e documentação: referências bibliográficas: parte 3: documentos não publicados. Lisboa: Instituto Português da Qualidade. Comissão Técnica 7, 2000.

Norma Portuguesa NP 405-4: informação e documentação: referências bibliográficas: parte 4: documentos electrónicos. Lisboa: Instituto Português da Qualidade. Comissão Técnica 7, 2002.

THE OXFORD Writers' Dictionary, Oxford University Press, Oxford, 1990.

PEREIRA, Arnaldo António. *Normas e Sugestões Metodológicas para a Apresentação de Trabalhos Escritos de História.* Faculdade de Letras da Universidade de Lisboa (Departamento de História), Lisboa, 1986.

SEVERINO, António Joaquim - *Metodologia do Trabalho Científico*. São Paulo: Cortez, 1996.

WALKER, Janice R. e Todd Taylor, *Columbia Guide to Online Style*. 2d ed., Columbia University Press, 2006.

WATSON, George. *The Literary Thesis - A Guide to Research*. Longman, Londres, 1970.